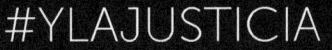
#YLAJUSTICIA

#ylajusticia

ISBN: 978-1-291-84587-7

todas las imágenes tomadas con iPhone 5 y lumia 1520
en barcelona, abril 2014

todas los textos aportados espontáneamente
a través de redes sociales

con el apoyo de:

turisbrand
www.turisbrand.com
@turisbrand

the barcelonist
@thebarcelonist

#santjordi2014

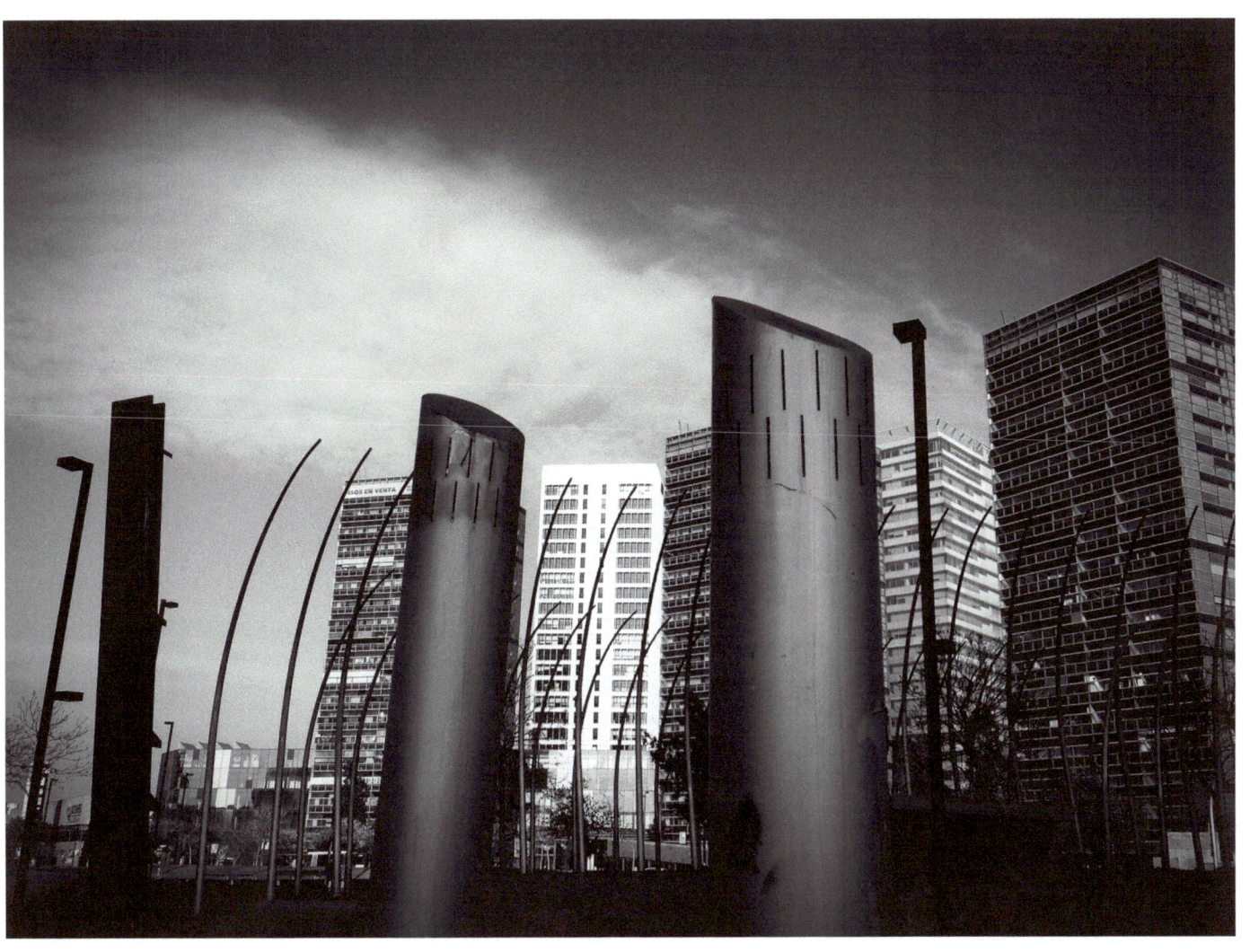

La justicia, no admite asociados, es única.
Hermana de la libertad suele ser confundida
con otra prima lejana, la democracia.
(Jorge Montecof)

Una mierda.
Perdón por el sarcasmo pero no
me he podido reprimir
(Luis Torres)

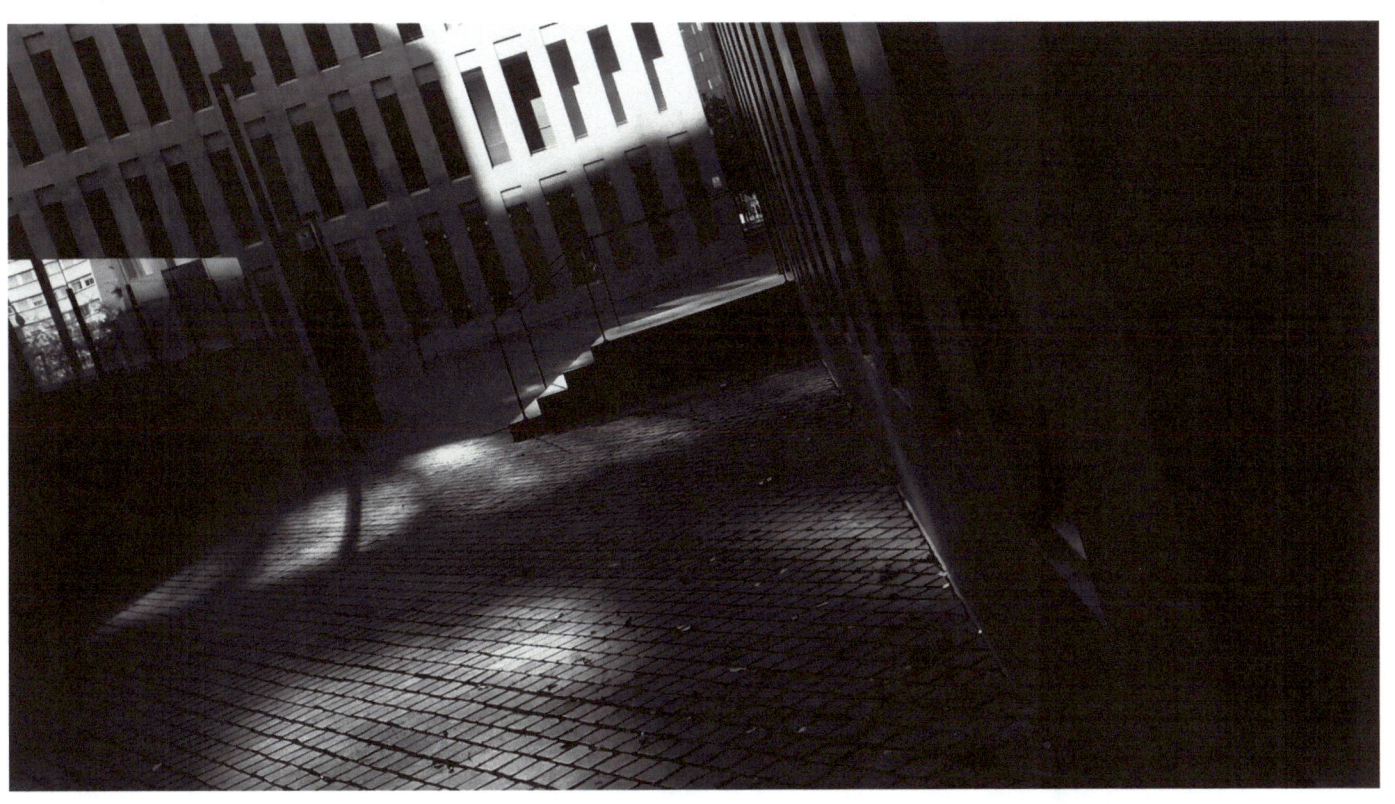

Honeste vivere, alterum non laedere,
sum ius quique tribuere,
aequitas, veritas.
(Van Deer Westoissen Ralph)

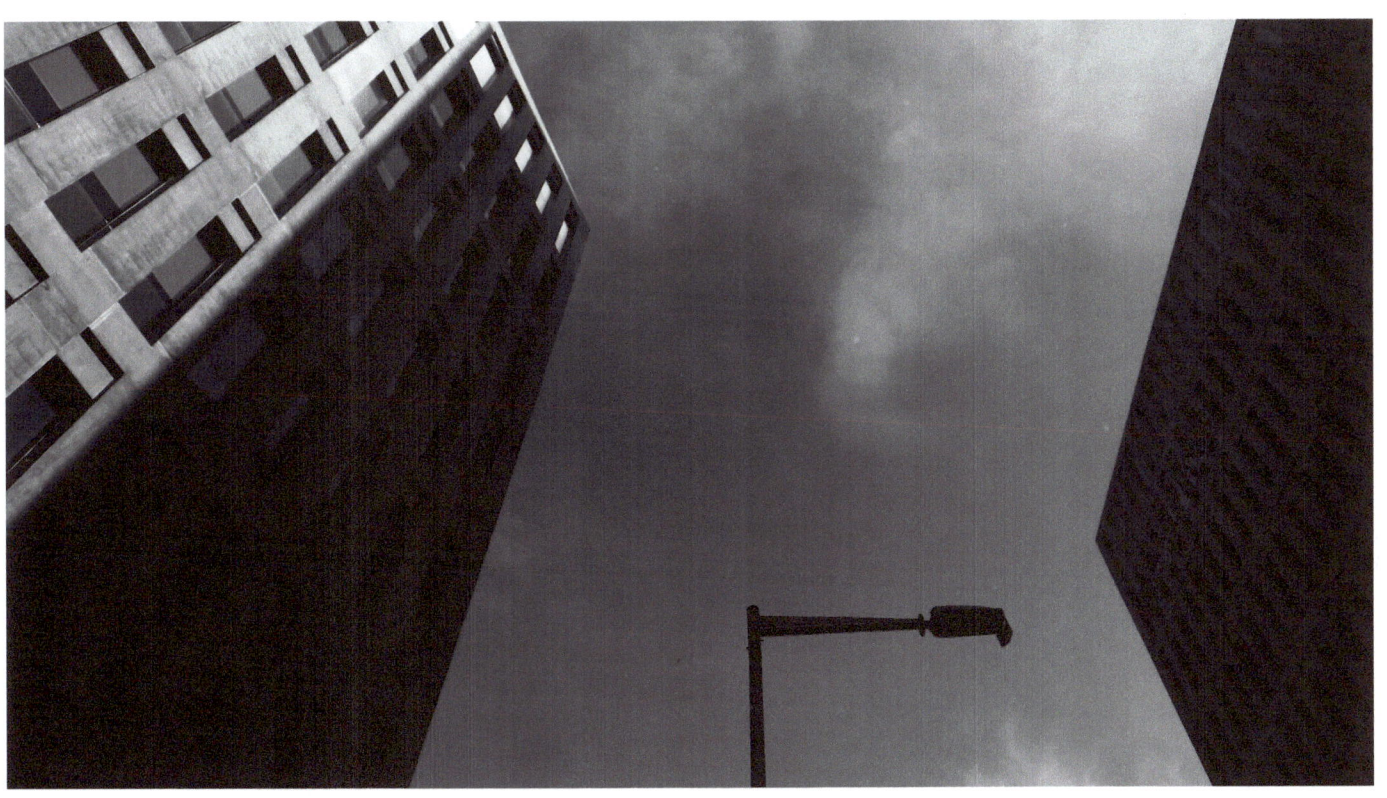

Concepte moral que te la particularitat
de ser sinònim
del seu propi antònim
(Manel Bello)

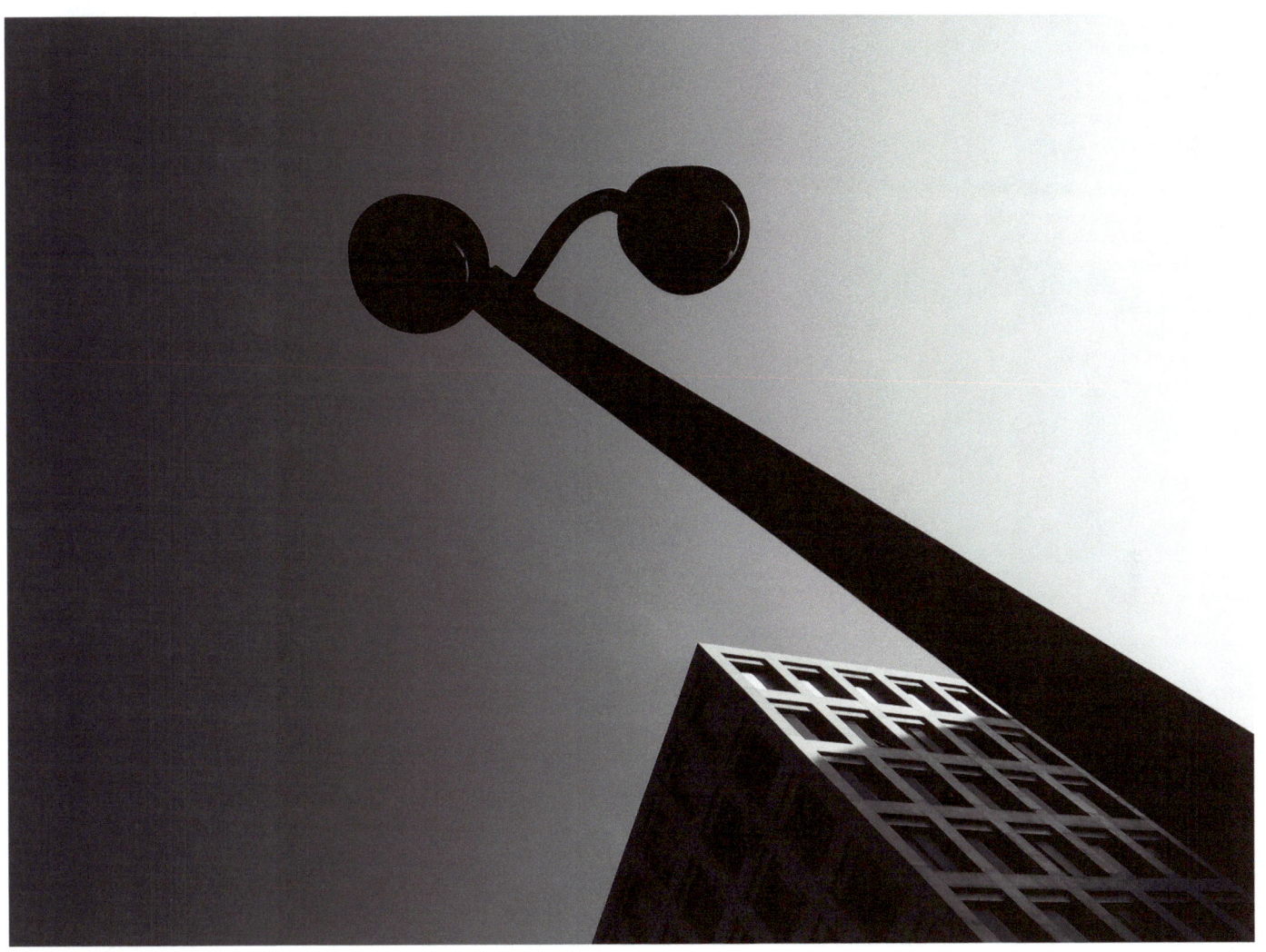

Ideal y máxima a la vez: tan inalcanzable como aquel
y tan ineludible como esta. De persecusión obligada.
#justicia
(Juan Pablo Sáenz)

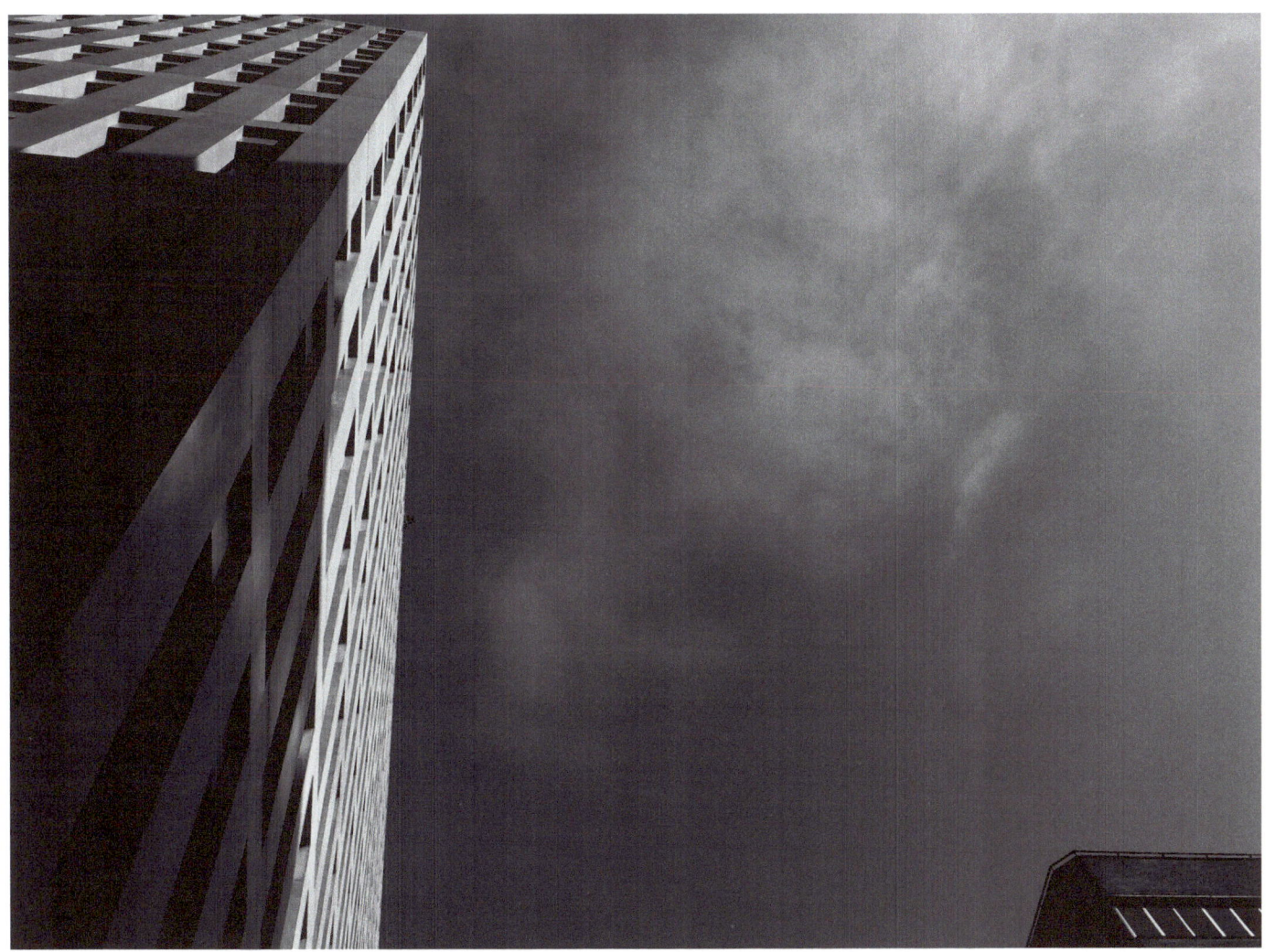

How to define justice in 140 characters?
Set them all free and let them speak
for themselves.
(Andrew Stys)

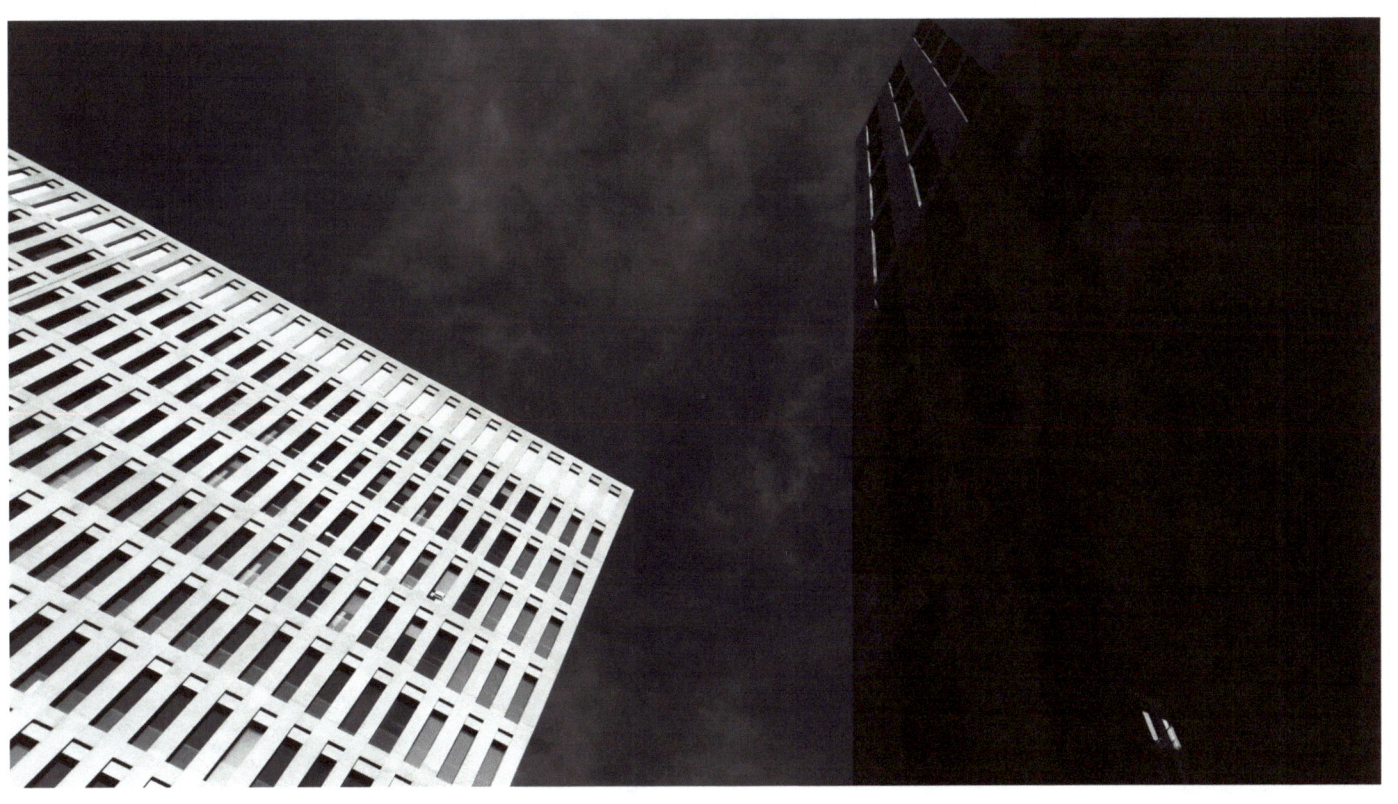

La justícia és
senzillament
no fer patir a altres persones.
(Omitsu Issey)

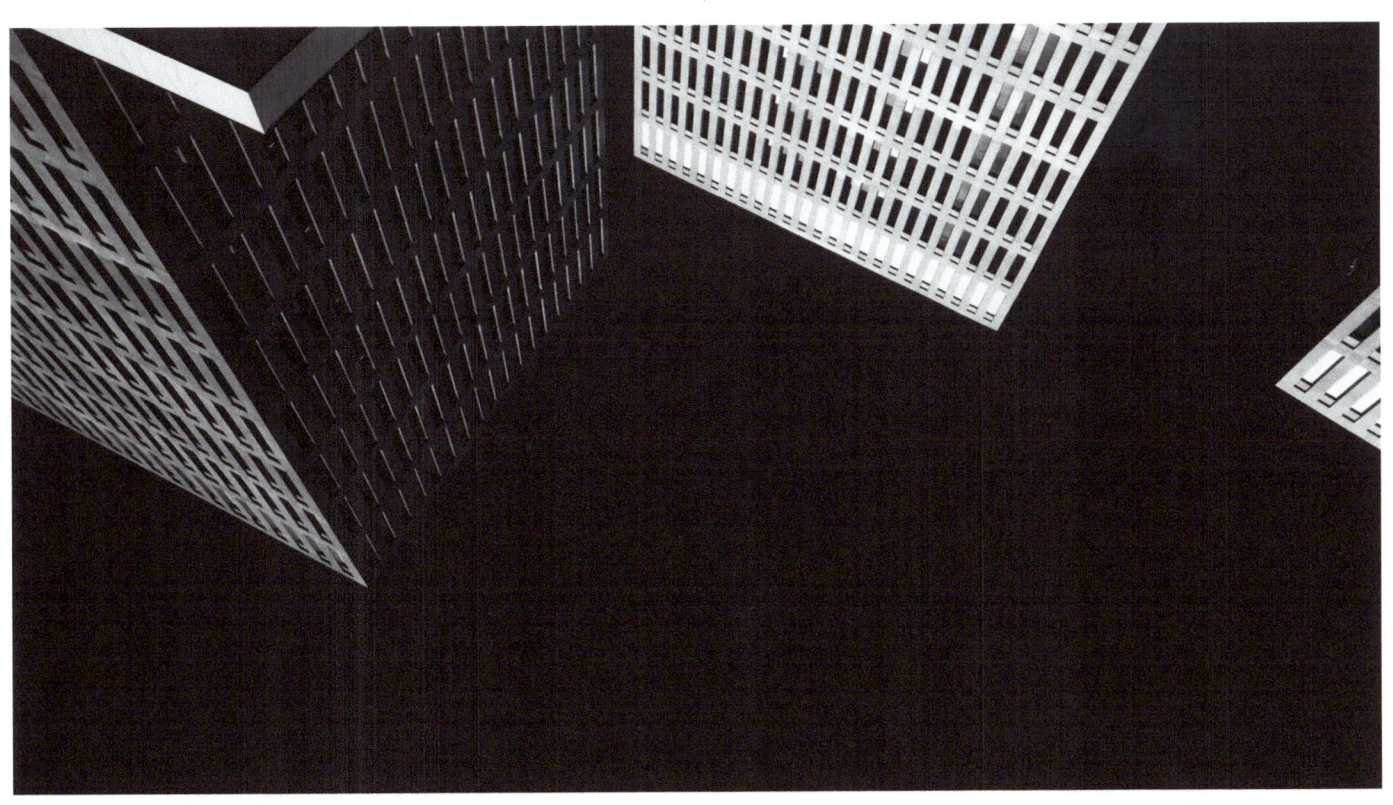

Justicia
es el caracter
número 141
(Hernán Dardes)

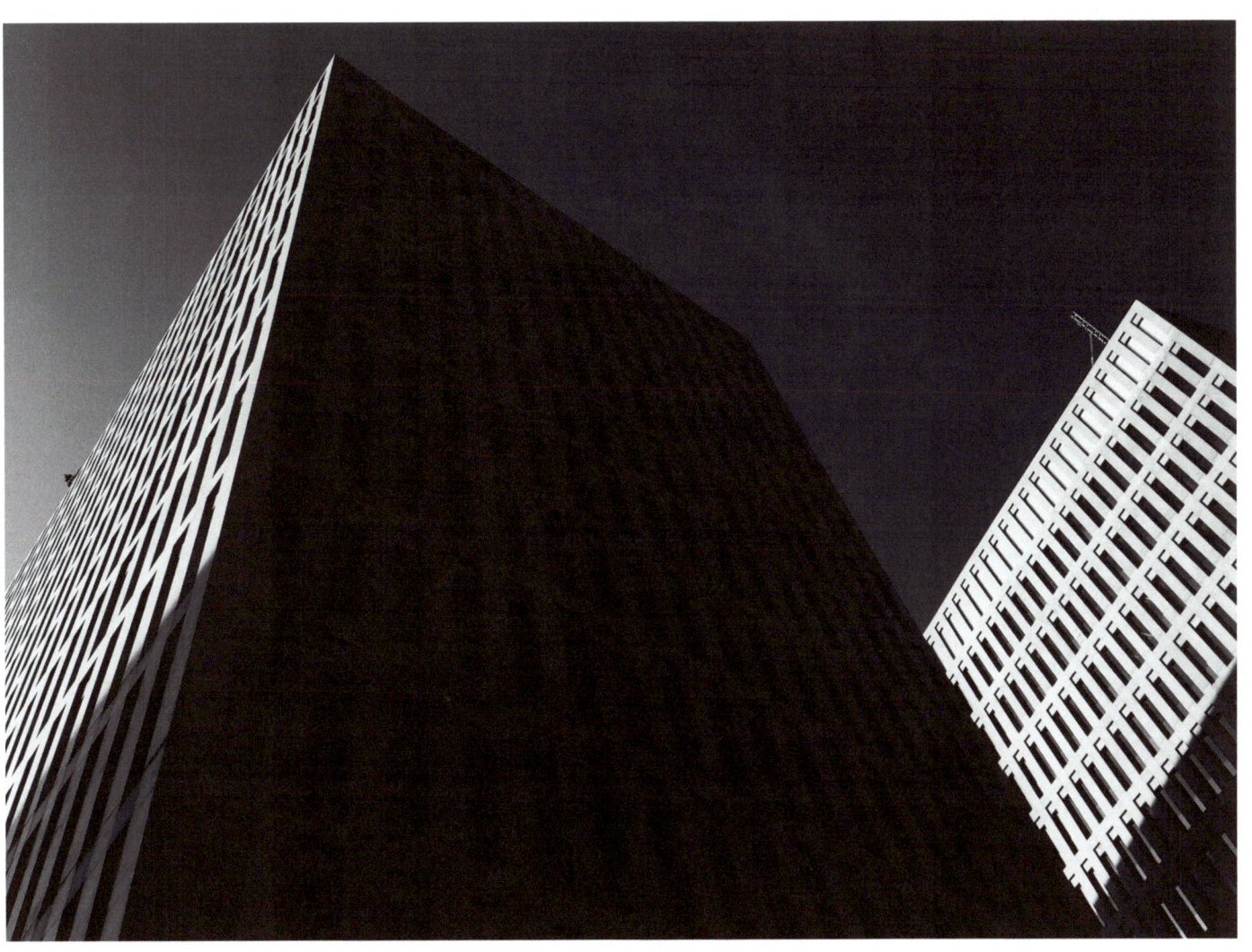

Yo coincido con los latinos
que decian que era tratar igual a los iguales
y desigual a los desiguales. Es decir...
(Sandro Up)

Difícil...
(Viviana Atencio Arrojas)

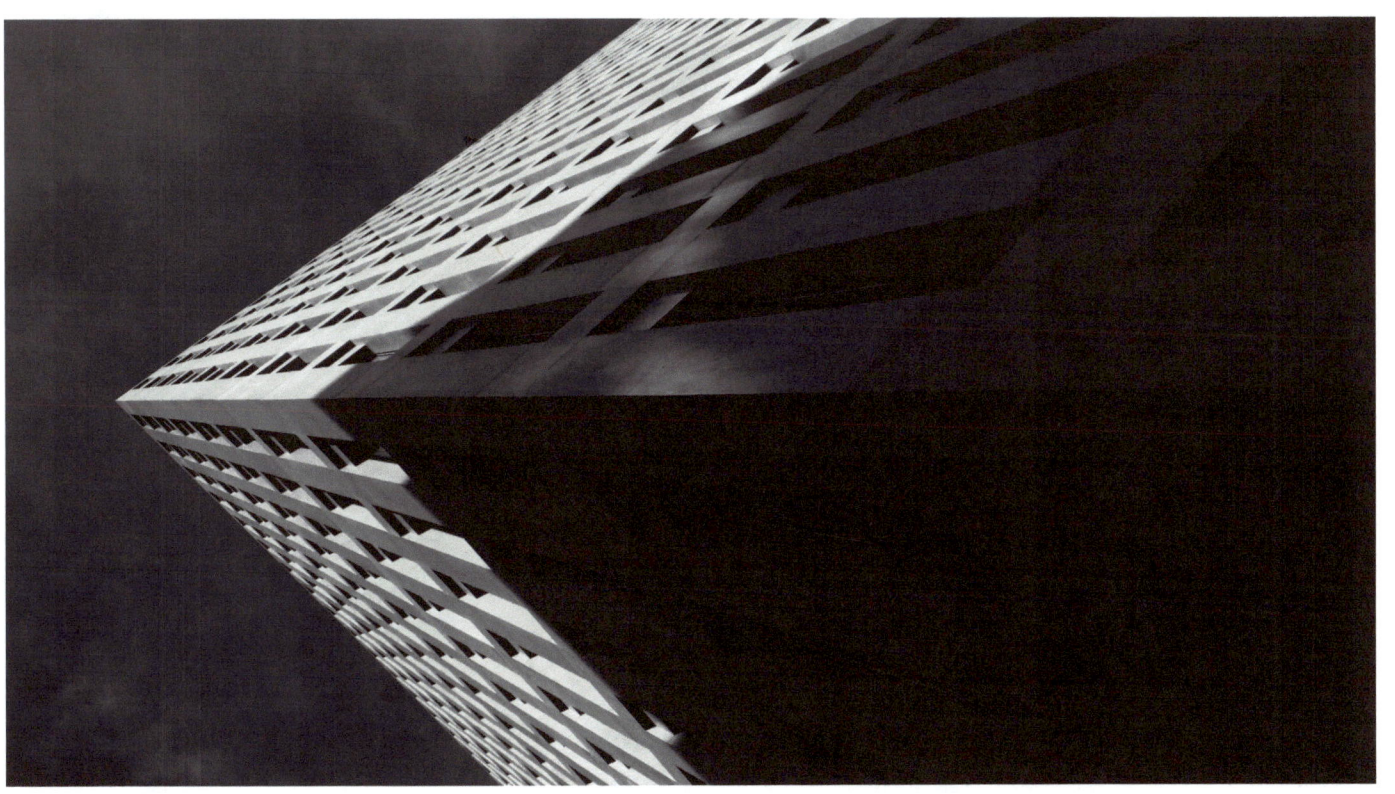

Hay hombres ciegos que hacen las leyes; éstos se amparan
en que la Justicia es una mujer sentada
con los ojos vendados, para negar derechos.
(Beatriz Giovanna Ramírez)

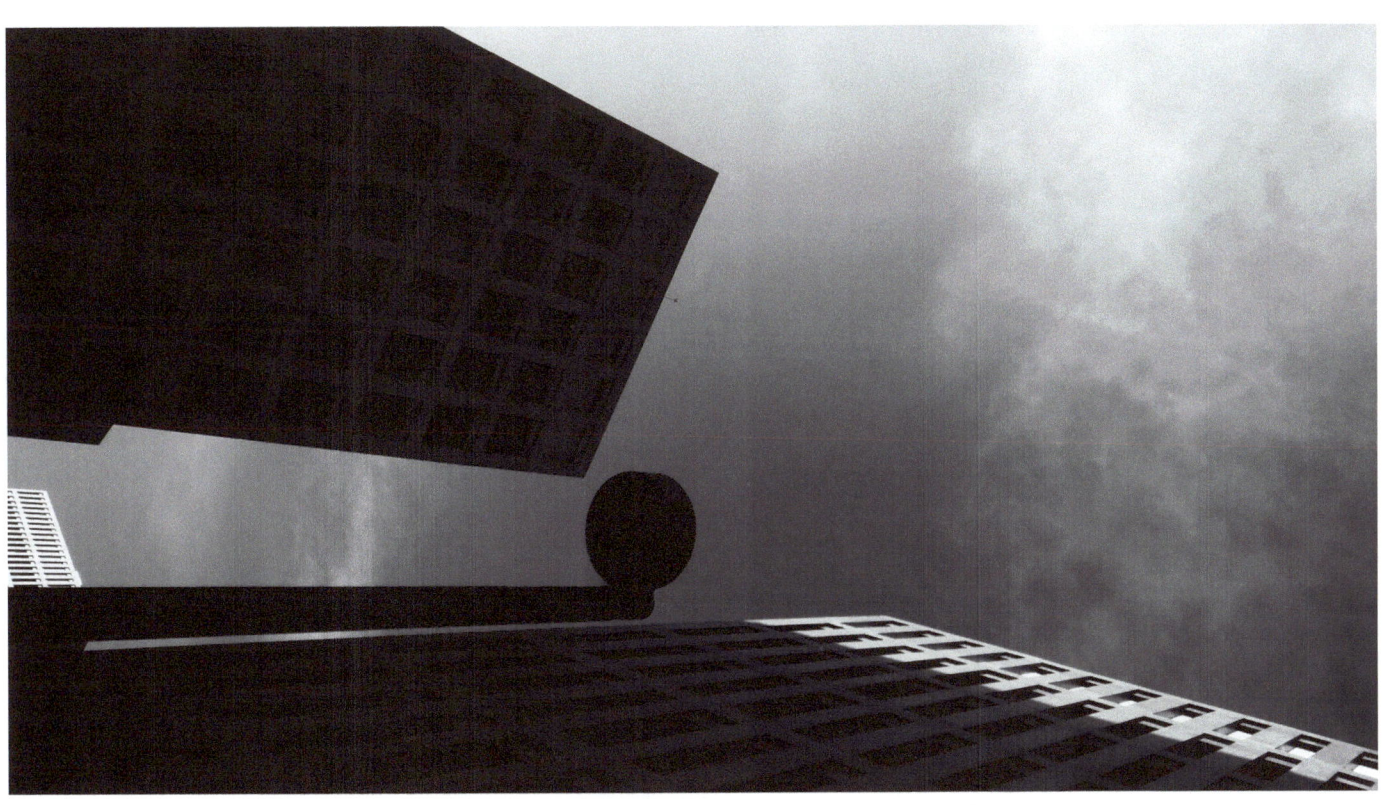

Injusticia.
(Luis Alfonso Diaz Lascevena

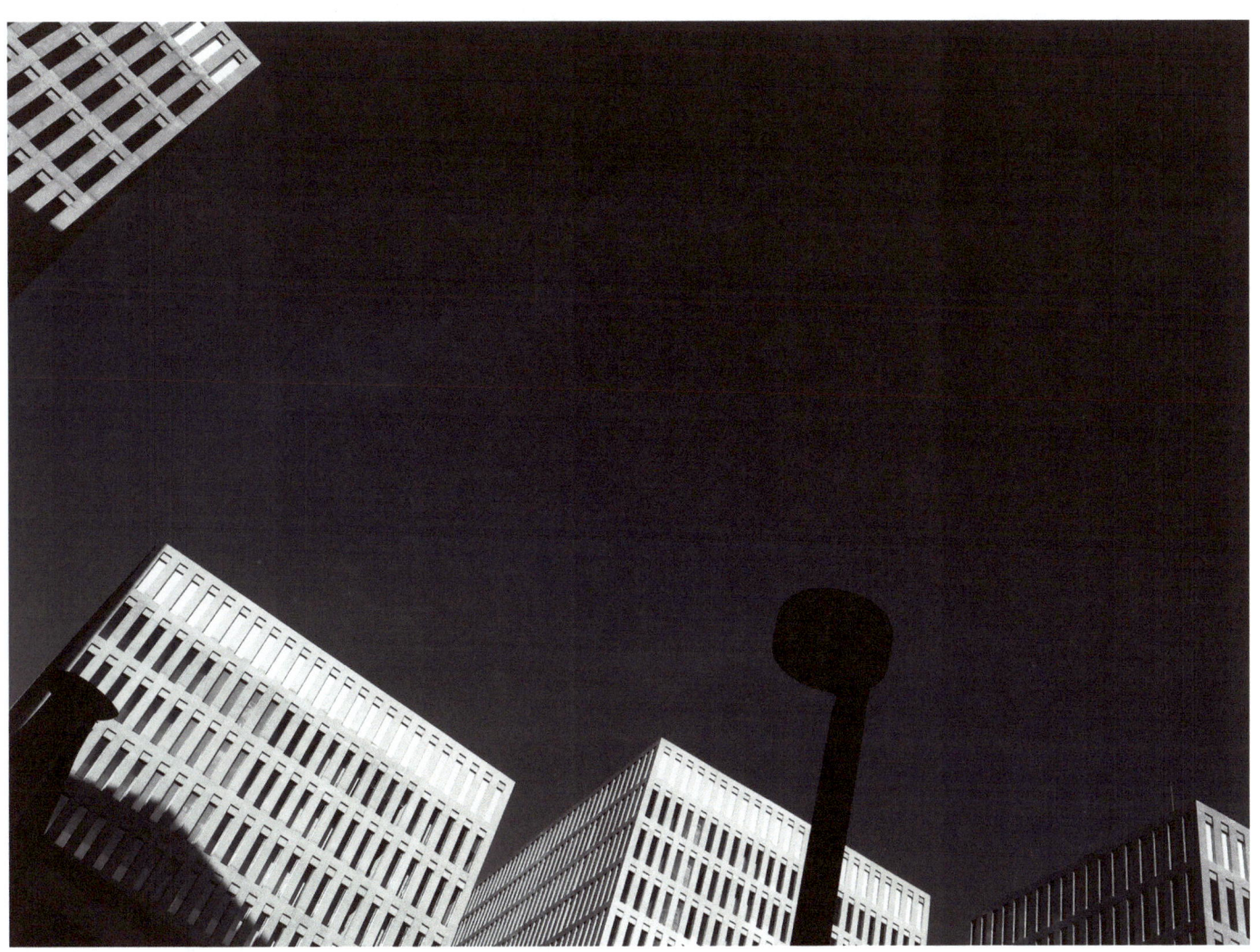

Sols puc respondre amb Aristòtil
i massa llarg!
;)
ves.cat/kcOv
(Carmemix)

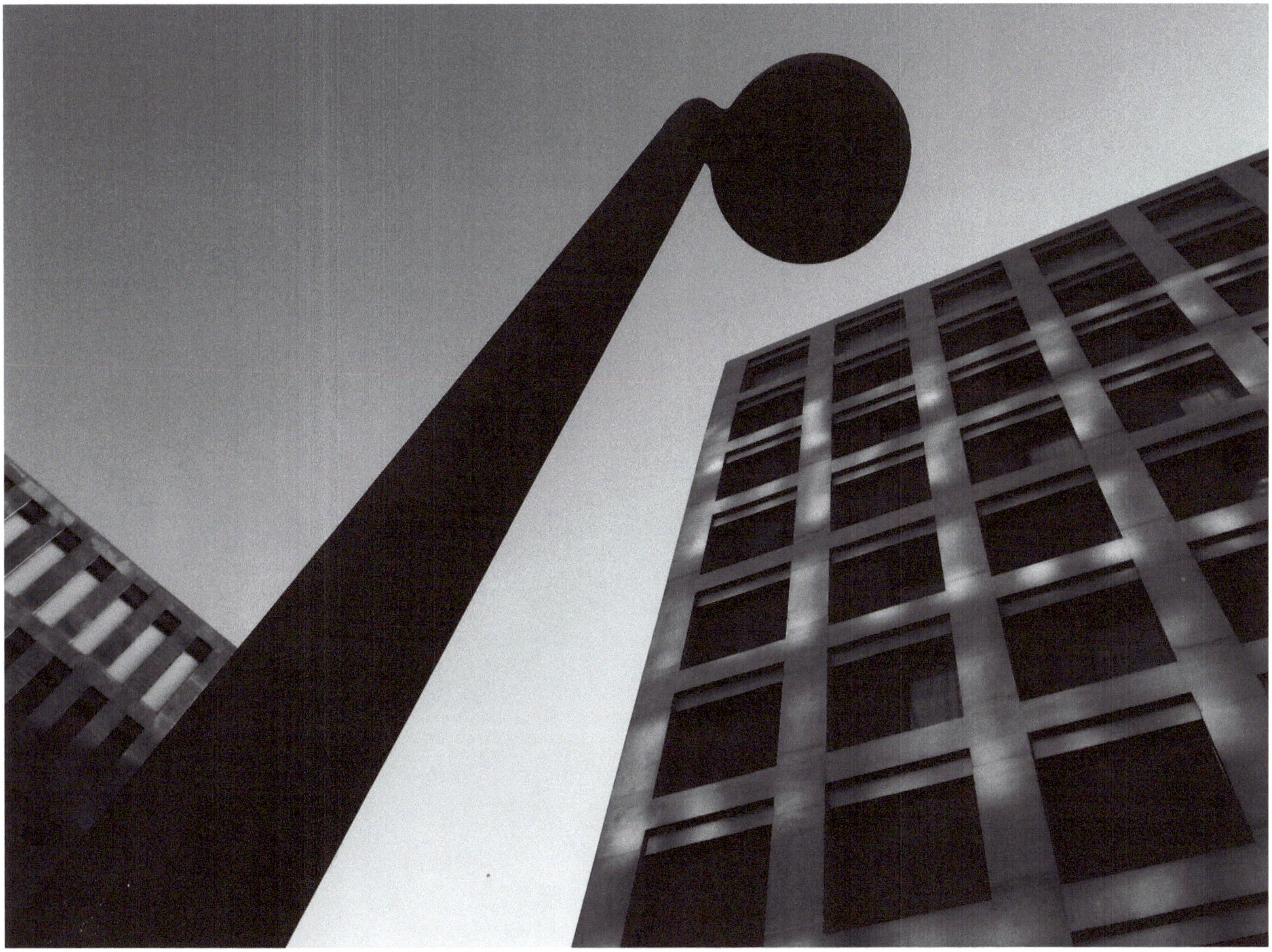

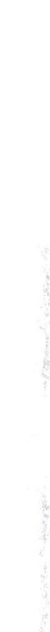

Per mi seria l'opció on cadascú
te garantia de poder viure, ser i fer
sense afectar ningú altre
(Sion Fullana)

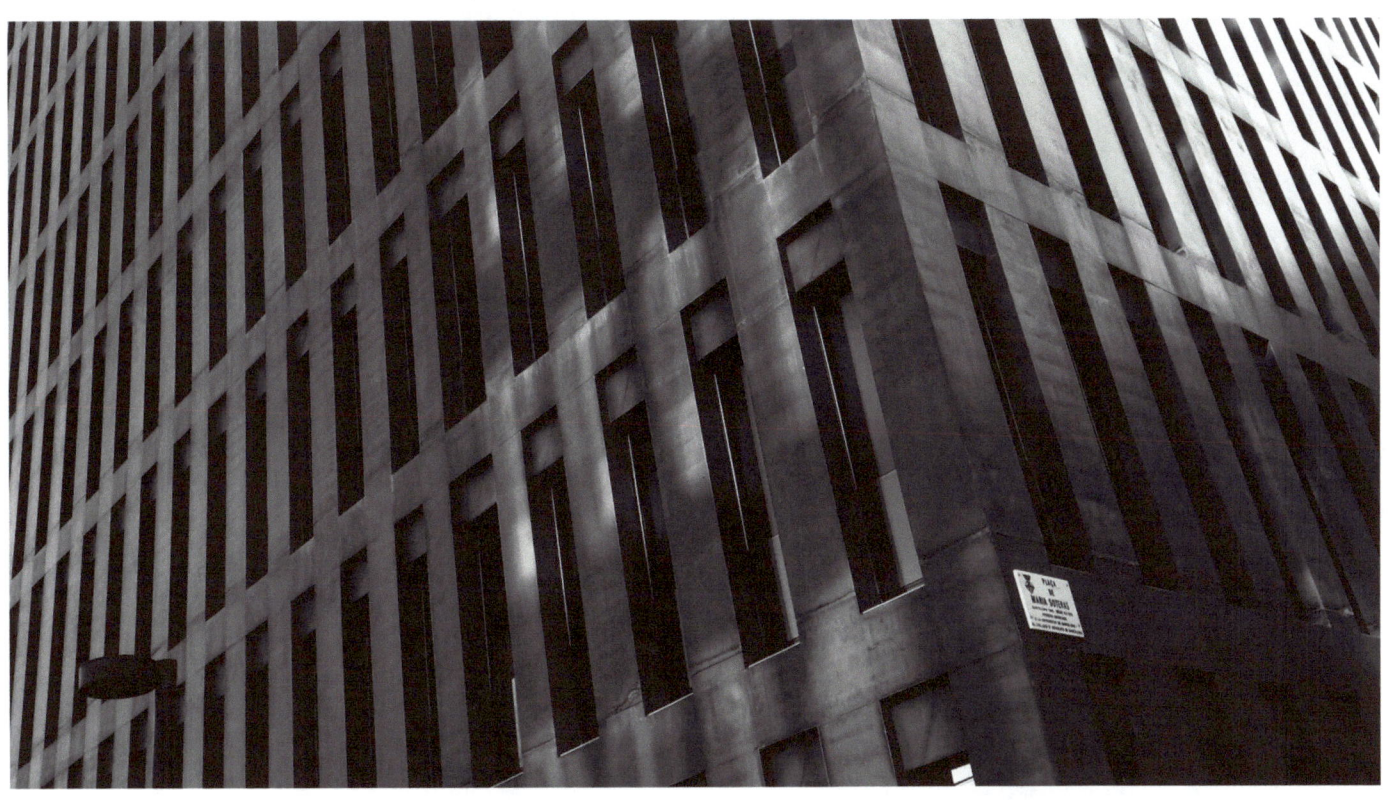

Justicia es la firme y constante voluntad humana
de hacer cumplir el derecho
de los demás.
(Alejandro Bovino)

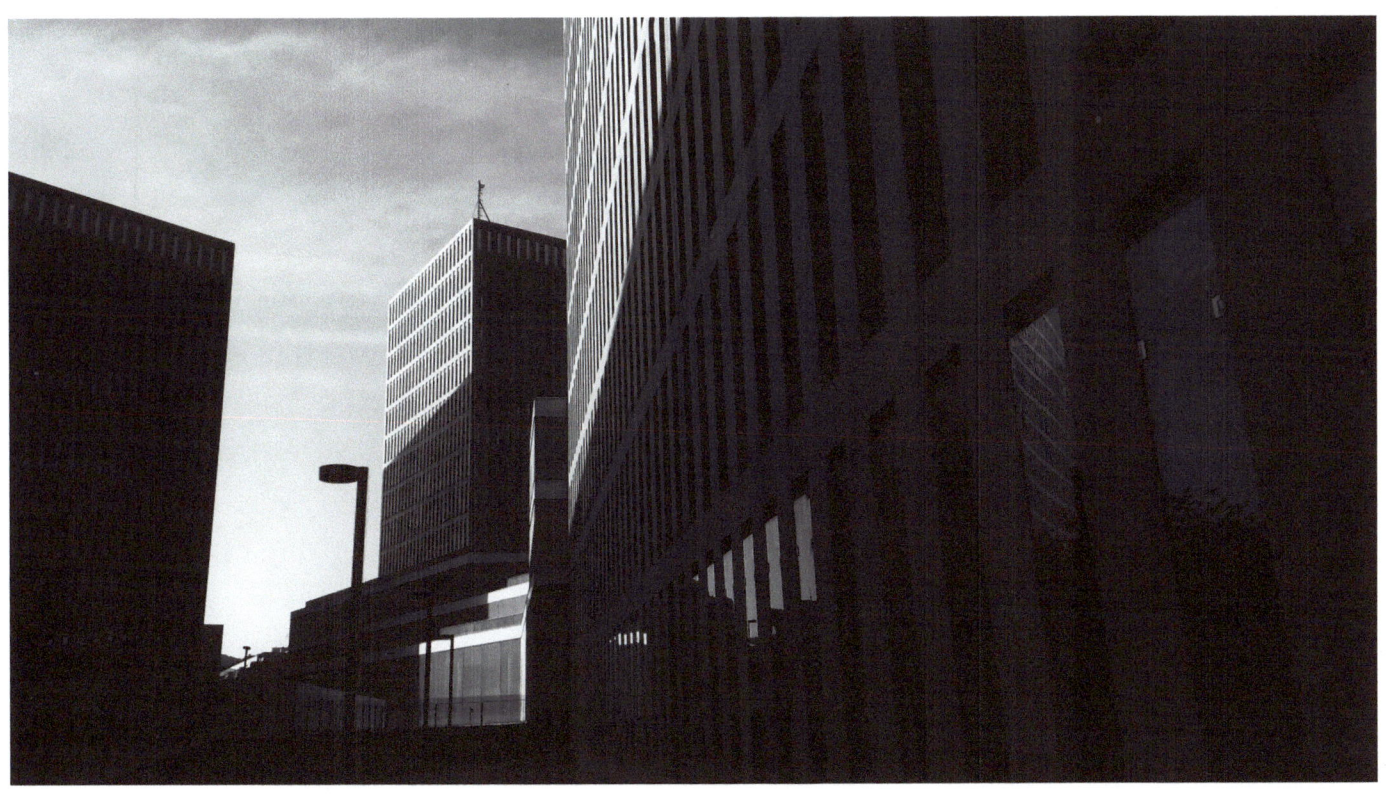

Respect of all human being
& Respect of liberty, equality, fraternity
without hurting anyone!
(Doris Stricher)

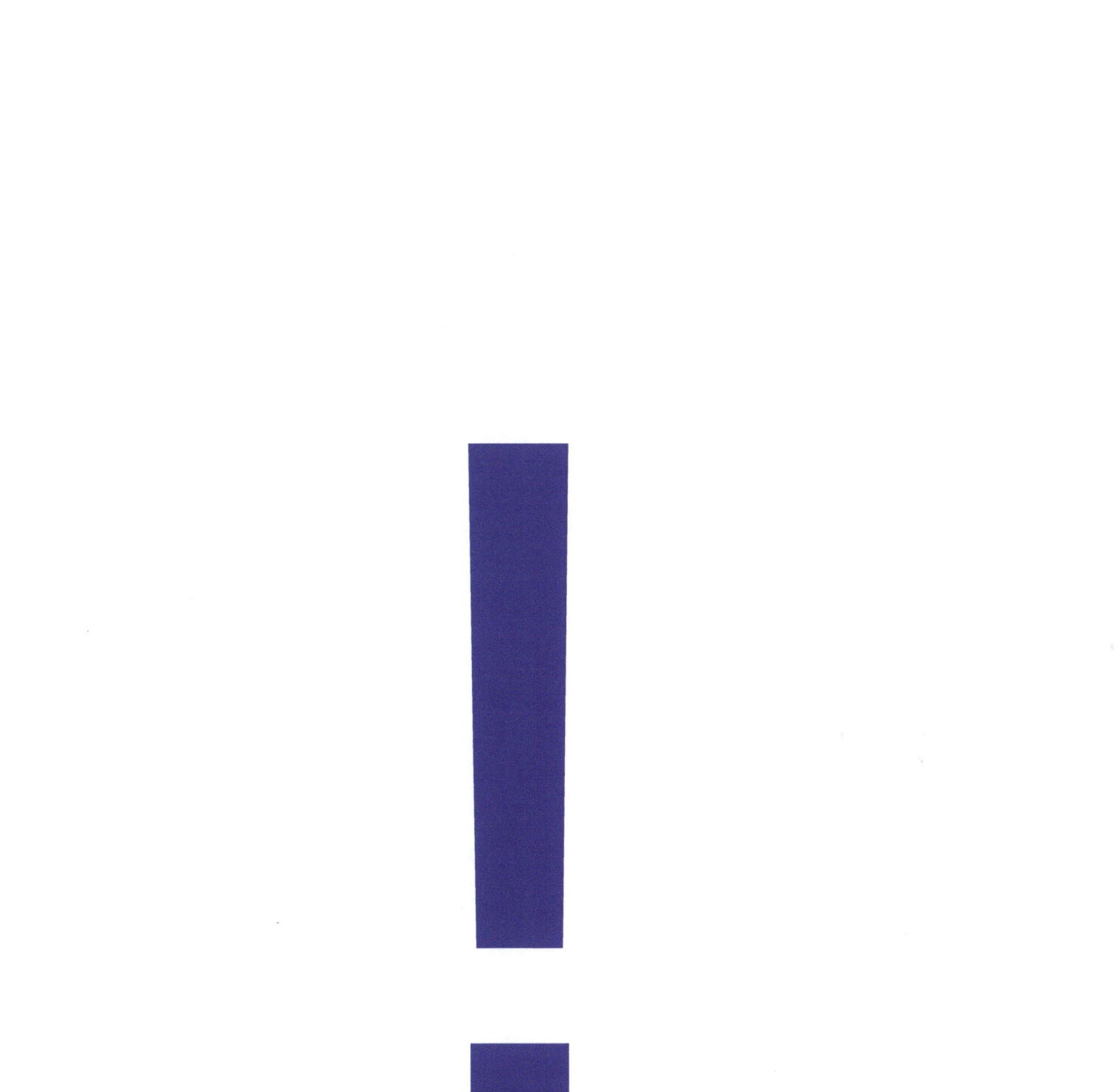

www.ingramcontent.com/pod-product-compliance
Lightning Source LLC
Chambersburg PA
CBHW051110180526
45172CB00002B/852